창조문학대표 수필과 시집선

시인의 마을

조 성 복 수필과 시집

창조문학사

□ 시인의 말

3집을 시작하며

예쁜 단어들이
쏟아져 내려온다

빗소리가 섞였다
함박눈이 섞였다

꽃비 따라 낙엽 따라
바람결 따라 날아와

내 영혼의 단비가 되었다

입술을 통해 망울이 터졌다
화수분처럼 뿜어져 나왔다

주옥 되어 또르르 구른다
손길을 통해 그대들에게 전해진다

그대들의 마음을
위로하기 위해

시인의 마을
조성복 수필과 시집

| 차 례 |

1부 시인의 마을

2부 사랑의 빛

3부 손님

4부 기다림

5부 사는 게 뭘까

6부 문학 속으로

1부 시인의 마을

빗줄기에
사그락 사그락 울어도
시인의 마을엔 따뜻한 마음과 사랑이 있다

시인의 마을

무심코 걸어간 시인의 마을에
아롱다롱 오색 빛의
옥구슬이 구른다

한 발 디디며 내민 발끝에
꽃잎이 걸린다

걷다 보니
형형색색 눈부신
주황의 동산이 보인다

가을로
가는 길이다

때론

바람결 빗줄기에
사그락 사그락
서로 부비며 울어도

시인의 마을엔
따듯한 마음과 사랑이 있다

누구든 이곳에 오면
추워도 추운 게 아니며
아파도 아픈 게 아님을 안다

주옥이 된 글들을
위로하기 위해

달팽이의 여정

고고하게 앉아있는
눈부신 연꽃의 자태와

그 사이를 헤집고
불그레 웃는 부들의 여유로움이

잔잔한 연못의
한낮의 평화가 느껴진다

세월아 세월아
집 한 채 짊어지고 온

달팽이의 수고로움도
세월의 무게만큼의 짐도

잔잔한 여백이 보이는
진 록의 연못가에 쉼터에서

하루쯤 베짱이가 되어
허리 쭉 펴고 덜어 놓고 가길

수평선 바라보며

해가 오르다 오르다
나뭇가지에 걸터앉았네

급할 게 뭐있나
잠시 쉬어가도 그만이지

바다를 뚫고 오르기가
쉬웠겠는가

산 중턱 거슬러 오르기가
쉬웠겠는가

오르느라 힘들어
붉어진 얼굴

천천히 아주 천천히
쉬었다 오르시게

커피중독

허기진 아침
너에게 매료되어

늘어진 육체에
뼈들의 조각을 맞춘다

어느새 난
너의 곁으로 향하고 있고

내 깊은 그곳으로
너를 받아들이고 있다

온 몸의 전율을 흔들어
나의 모든 것을 깨우고

흘러나오는
집시 바이올린과 함께

내 영혼은 오늘의 꿈을 꾼다

저기요

궁금한 게 있어요
저물어가는 석양 길에서
나의 내일은 어떨지

내일도 오늘처럼
각박하고 으르렁대며
한 치의 여유도 없을지

깊은 시간의 늪에서
헤메이다
잠 못 드는 건 아닌지

인내의 끝에서 버티다 버티다
데롱데롱
발버둥 치는 건 아닌지

저기요
한 번쯤 저의 손을 꼭
잡아 줄 수는 없는지

새벽

여명은 어둠을 헤치고
잠든 나를 깨운다

바닥 깊숙이
침전되어 드러누운 내게

아주 섬세한 빛으로
다가와

하나씩 하나씩
섬세함으로 나를 세운다

오늘이라는
선물을 주기 위해서

홑잎 벗기듯
새벽이 움직인다

나이가 하나씩 더 해지면서
눈 뜨는 일상이 고마운 내게

밤으로부터 기다린
새벽이 오늘도 온다

섬

도심 한 가운데
휘청이고 있다

죽을 듯 사는 매일에게
유서를 남긴다

하루라는 이름을 가진 섬에게

난 고립되었고
반복되는 일상에게
괴롭힘을 당하고 있습니다

회의와 번민이 가득한
앵무새의 읊조림에서
난 떠날 겁니다

지금은 섬 귀퉁이에서
쪼글대고 있지만
달 밝을 오늘 밤, 난

이 섬을 탈출해
자유를 찾을 겁니다
내 이름과 함께

겨울 숲으로 가자

유연자적 벗 삼아
눈꽃 쌓인 겨울 숲으로 가자

쌓인 눈이 발목을 잡고
길을 막아도 올라보자

가슴으로
기억하고 있던 것과

상념의 파편들을
묻어버리자

풍성했던 숲의 흔적도
눈 속으로 묻혔거늘

어차피 빈 손이였고
홀몸이었으니

무엇이 서럽고
아쉽겠는가

그러나

발자국 하나는 남기자

이 정도 자격은
내게도 있지 않을까

눈과 가로등

눈 내리는 밤
날개 짓에 힘겨운 눈송이

볼그레 상기되어
가로등 밑 힘없이 떨어지며

너를 보면
내가 너무 따듯해져

나도 너처럼
온기였음 좋겠어

비록 내 한 몸 녹아
비가 되어 흐르더라도

너를 보니 따듯해
머무르고 싶어

이 한 마디 듣고 싶어

창경궁로

노오란 분칠한 작은 분식집
쫄쫄이 굶어 등짝에 들러붙어

옴짝달싹 못 하는 배를 움켜쥐고
문을 들어서기도 전

흔들리는 나무 문짝에
걸려있는 거울이 내게 말한다

오늘 넌
너무 예쁘다

말이야
막걸리야

무리수를 두고 무시하는 내게
발이 멈춘다

다시 뒷걸음 쳐
예쁜 얼굴을 확인하곤

허리 쭉 펴고

보폭을 크게 벌리며 문을 박찬다

그래
오늘 난 너무 예쁘다

무음

일어나 씻는 동안
아침을 먹고 치우는 동안
핸드폰은 울지 않았다

무심히 내버려둔
주인에게 조차
뿌뿌 소리내며 반항하지 않았다

나의 부재 너의 부재
하루에서 떨어져 있는 시간
우리에겐 그 또한 필요했으리라

손에서 가방에서
베갯머리에서
서로를 착취하고 있었다

눈에서 멀어짐과 동시에
동공은 흔들렸고
달팽이관은 회전축을 잃었다

가슴은 불 꺼진 창처럼
캄캄한 동굴 같았고

나는 박쥐가 되어 날고 있었다

무음으로 있었던 잠시
내 심장엔 평화가 찾아왔고
내 귀엔 맑은 종소리가 들렸다

거미

스터디 일정이 떴다. 모두가 웅성웅성 비상이다. 지난 학년에 누락된 과목을 복구하기엔 빽빽한 일정이 머리를 흔들게 했다. 사업상, 직업상, 가정문제, 건강 등의 이유로 부진했던 학점이 우리의 뒷머리를 조이고 있다.

배움이 좋아서 재수강을 하고 사업적으로 성공한 이들은 자서전을 쓰기 위해서, 어떤 학우는 외로울 때 한번쯤 읽을 나만의 시집 한 권을 쓰기 위해서, 낭송이 좋아서, 작사자가 꿈인 이들과 삶을 개척하는 편입생들과 재수강 국문학도들이 모였다.

홍매화는 붉게 터져 나비를 부르고 있고 벚꽃은 흐드러져 관광객을 불러 모을 때 우리에게 봄은 없었다. 늦게 배움의 길을 시작한 우리는 손에, 주머니에, 노트패드에 메모를 채우고 있었다.

틱!!

단체 톡이 울린다.

분주해진 학습부장님의 알림이 떠 있었다. 모든 정보와 일정을 빠르게 전해주는 학부형이 늘 감사하다. 이번엔 어떤 소식인가 세심하게 보고 있다.

사랑하는 연스 학 형님들!
신입생 환영회가 ㅇㅇ일 ㅇㅇ시에 스터디에서 있습니다.
모두 참석하시어 축하해 주시기 바랍니다.

연령대는 다양했다.

편입 청춘부터 머리하얀 노장까지 스터디는 꿈동이들로 가득 찼다. 시계바늘은 쉬지 않고 돌았고 신학기가 어느새 돌아왔다. 과제물을 보니 눈앞이 캄캄해졌다. 우리 모두 탄식을 하고 있을 때 60중반을 넘은 예원 언니는 걱정을 하고 계셨다. 늘 자상하고 부지런하신 언니는 우리 스터디에서 제일 고령자이시다. 시력이 더 나빠져 안경을 새로 했어, 잘 할 수 있을까, 시작은 했으니 졸업은 해야 하는데 끝까지 함께 하자며 우리까지 격려하고 계셨다.

거꾸로 사는 거야
남들이 뭐 라든 말든
난 본능에만 충실하지

거꾸로 살아보니
이 방법도 맘에 들어
늘 추락만 하는 미물

누군 하늘만 바라보고
내겐 땅이 하늘이지
별이지 달이지

어둡고 고독한 시간이

작렬하게 하혈하며 낙하하는
나는 늦깎이

공자는 아는 자는 좋아하는 자만 못하고 좋아하는 자는 즐기는 자만 못 하다라고 했다. 노후가 보람되고 행복하다 느끼면 삶은 풍요롭지 않겠는가.

훗날 우리 연스* 동기들은 말 하리라. "그때가 봄날 이었다"라고. 함께 했으므로 따스했었노라고. 행복했노라고......

* 한국 방송통신대학교

연신 스터디

말

주워 담지 못 함을 알았을 땐
이미 늦었다

액체가 되어 입 밖으로
흘러내림을 직감 했을 때

머리는 이미 혼미해
어지럼증이 났다

여름철 개처럼
늘어진 혓바닥에

끈끈하게 매달린 액체는
갈피를 찾지 못 해 휘적이고 있다

한 치의 혀는 한 사람을 휘장치고
결국 관속에 부동으로 눕게 했다

말
말
결국

우울증

너에게 나는
뭐였니
가슴에서 배척당하고
영혼에게 찢기운 난

너에게
뭐였니

2부 사랑의 빛

사랑의 색깔은
형용할 수 없이 너무 많아

비 오는 날의 짙은 도시의 색

유혹

한 여름
뙤약볕이 부러울까

양귀비 꽃잎 술은
더 뜨거운데

반짝이는
보석은 부러울까

양귀비 꽃잎파리는
홑잎으로 날리는데

하늘하늘
실바람에 실은 향기

허공에 뿌려진 유혹

세상을
다 안을 거야

수채화

친구가 그려 놓은
꽃을 보고 있다

망연자실
동공은 풀렸고
꿈인지 생시인지
입술은 움직이질 않았다

생화야
그림이야

만져보고 싶은 충동은
꽃의 숨소릴 듣는 다

바람에 나부끼면 생화다
향기가 흩어지면 생화다

논리는 언제나 근거가 필요하다
정의는 정당함을 원칙으로 한다

생각이 쉬워졌다
바라만 봐도 취하는 꽃과 화병

누가 봐도
꽃은 숨 쉬고 있었다

*정태숙 화백의 작품을 보며

사랑 그 아쉬움

그때가 좋았어
내가 너 안에 있고
네가 내 안에 있을 때
그때가

해 줄 수 있어 좋았고
받을 수 있어 좋았어
그때가

너와 나
함께 있을 때가

사랑의 빛

꽃으로 물든 봄 길을 보면 어릴 적 엄마가 수 놓았던 자수가 생각이 난다. 프랑스 자수로 장미 잎을 만들고 초록실로 잎을 만들고 줄기를 세워 천에 옮겨 심었었다. 털이 보송보송한 스웨터 앞판에 본을 떠서 스티치 하고 그 본위를 색색의 고운실로 한 땀 한 땀을 메웠더랬다. 입을 덜 벌린 꽃망울부터 활짝 핀 꽃잎, 떨어지는 씨앗, 넝쿨을 모두 묘사하다보면 어느새 아름다운 장미 정원이 펼쳐지곤 했었다.

수출 납기일을 지키기 위해 늘어진 백열등을 머리에 이고 밤을 세우고 아침을 맞이했었다. 어깨 한번을 바로 펴지 못하고 때를 놓치고 그러면서 심한 위장병에 시달리셨다. 그럼에도 병원은 사치였으며 소다 한 스푼으로 위장 통을 달래셨다. 얼굴엔 기미가 가득했고 계속되는 바느질로 고운 손 한번을 잡아 본 일이 없다. 엄마는 어미새가 되어 입만 벌리고 있는 새끼들을 위해 달이 뜨는지 해가 뜨는지 조차 잊고 사셨다.

그랬었다.

두꺼운 털 스웨터에 덧수로 무늬를 놓아 수출하기도 하고 아기 옷을 뜨게 하는 작업도 계속 이어 왔었다. 밋밋한 편물옷에 화사한 형형색색의 봄날을 수놓았던 때가 생각이 난다.

정신없이 바쁜 엄마를 위해 바늘 바늘 마다 색실을 끼워놓고 쉬운 꽃 술 작업은 내 차지가 됐었다. 그때 내 나이 6~7세, 동네 아이들 뛰어 놀 때 막내 동생 돌보는 것은 내 차지가 됐었다.

엄마와 맏딸인 나와의 관계는 필연이었나 보다. 그렇게 그렇게 60년 세월을 가까이 부비며 함께했다. 지금은 80이 넘어, 그 연세에도 바쁜 딸을 위해 음식을 매일 해서 나르신다.

'어미', 무엇으로 형용할까. 적절한 시원한 대명사, 명사, 수식어가 있을까.

희생의 빛, 사랑의 빛 무엇으로 대신할까. 어미새는 사랑의 빛을 노래한다. "아프지 마라, 아가야. 울지 마라, 아가야. 아가야, 아가야.

사랑의 색깔은
형용 할 수 없이 너무 많아
투명한 눈물로 빚어진
무채색도

희생으로 빚어진
핑크빛도

내겐 너무나 아린
비 오는 날의 짙은 도시의 색

말을 하지 않아도

나의 등 뒤에서
나직한 음성으로

이름을 불러주는 사람이
있으면 좋겠다

따스한 손으로
어깨를 감싸주며

부드럽게 위로해주는 사람이
있으면 좋겠다

외롭다 느껴질 때
함께 음악을 들어주고

아메리카노를 함께 마시고
칵테일 한 잔을 함께하는

그런 사람이면 좋겠다
이렇게 추운 날엔

고추잠자리

가을녘 고추잠자리
한철 인생 슬프다오

만나지 못 함을
애통해 하지 말며

살랑 살랑 날개 짓
눈으로 기억해 주오

가을 하늘 높다한들
오르지 못하리까

황금벌판 넓다한들
건너지 못하리까

오매불망 숨죽이고 울지 말며
제 자리만 서있는 구름을 탓 하소서

한철 서러워
떠나는 맘 오죽 할까

감당 할 수 있는 만큼의
그리움만 남기고 가겠나이다

곰방대 할아버지

햇빛 드리운 양지에
누릇누릇 삼베적삼 입으시고

삐뚤 빼뚤 누런 치아
드러내고 웃고 계신 할아버지

덥수룩한 긴 수염사이로
긴 곰방대 물으시고 앉아계시니

인자함이 푸근한 들녘 같아라
그 위상 세월이 보이고

골이 깊어 패인 주름 사이가
삶의 여유를 끌어 안으셨으니

참 잘 사셨다 잘 사셨네
평온의 이름 할아버지

아줌마

그대가
들꽃처럼 풋풋했으면
좋겠습니다

그대와 함께 있으면
들꽃향기가 은은하게 피었으면
좋겠습니다

풀초롱 작은 잎새에도
눈길이 머물고
향기가 어우러지는 것처럼

미소가 아름답고
마음이 따듯하고 온유하며
봄으로 당당하게 우뚝 서는

사랑스러운 하지만 용기 있는
아줌마였으면
좋겠습니다

떠나보내며

질끈 눈 감았던
산수유 눈 뜨고 귀 터지면

볼 수 있으려나
동장군 떠나는 뒷모습을

들을 수 있으려나
꽃망울 터지는 봄의 소리를

꽁꽁 에워싸던 겨울 녀석
서둘러 풀어주고

주섬주섬 잠자던 옷장
깨우는 거야

칠레레 팔레레 허둥대며
신발장 뒤집어 놓고

떠나는 거야
햇살 흩어지는 세상 밖으로

겨울 나그네

가을을 보낸 최후의 날
눈보라 휩싸인 신사엔

늙은이 구부러진 어깨와
어둔 방안 밝혀 위로하는 백열등 뿐

담쟁이 비틀어져
달싹 붙어버린 담장엔

눈보라 옴짝달싹 들러붙어
세상은 온통 흰색이다

은가루 뿌려진 하얀 세상 밖은
두꺼운 동화 책속의 풍경

열십자 막대기로 가로막힌
뿌연 창은 온통 그리움이다

설날

작은 식탁위에
산더미를 올려놓았다

바리 바리
이고지고 나른 더미들

한계령이 높다한 들
이 보다 더 높을 까

저 고개를 넘자니
실소가 터진다

딸의 손에서 전해진
따듯한 찻잔

살며시
볼에 대본다

무엇과도 바꿀 수 없는
따듯한 찻잔의 평온

어느새 온화해지는 얼굴과

사르르 녹는 마음

진실이 전해지는 따듯함
사랑이 전해지는 따듯함

설날은 이렇게 온다
엄마의 따듯한 온정으로

늙은 지팡이

너른 너른 세월에 묻혀
퇴색 되어 진 낡은 친구

툇마루 한 쪽 켠에
구부정 기대어 서서

세월 함께한 친구 기다리며
눈을 지그시 감는다

이 길이 소명의 길이라면
따르리

굴러 떨어진 신발 한 짝
걸어 올리는 것쯤이야

신발짝 물어 나르는
누렁이 엉덩이도 때려 줄 것이고

친구가 기침하면
기꺼이 친구의 손에 앉으리

이 길이
내 소명의 길이라면

친구야 우리

색종이 고이 접어
푸른 창공에 띄울까

새로운 태양에게 다가가
반갑다 안아주고

저 들녘
바람결 웃는 꽃잎으로 다가가

살포시 고운 미소도
전해주고 말이지

푸른 하늘과 푸른 들판
맘껏 날아다니며

가슴에 묻어두기만 했던
하고 싶지만 하지 못 했던 말과

못 다 이룬 소망
내 맘 실어 전해주라고

희망

그림자가 길어졌다
나른함에 지쳐가는 시간

나침판은 서쪽을 가리키고
해를 끌어당기고 있다

이 길에 서서
흐르는 눈물의 맛도 보고

이 길에 서서
흐르는 땀방울의 맛도 보았다

흐르는 것은 같았다
짭조름 맛도 같았다

소중한 건
내 수고로움에서 흘렸다는 것

그림자의 길이만큼이나
희망이 길어졌다는 것

3부 손님

박 넝쿨 뒤엉킨 언덕배기에 앉아
호드러진 코스모스 벗 삼으니
올 가을은 외롭지 않겠습니다

손님

구월 하늘의 보름달을
잡고 살았나봅니다

시월이 고개 내밀며 오기를
모르고 살았기 때문입니다

코끝을 스치는
국화향기에 놀라보니

가을이란 놈 어느새
내 옷깃에 앉았더이다

깊고 깊은 가을 속으로
시집 한 권 옆구리에 끼고

허기졌던 영혼에
풍성하게 다가온 금빛 싣고

가을, 그 놈과 함께 가렵니다
박 넝쿨 뒤엉킨 언덕배기에 앉아

흐트러진 코스모스 벗 삼으니

올 가을은 외롭지 않겠습니다

올 가을은
그리 살겠습니다

매미와 느티나무

계절색이 더 짙어지면
초록으로 무성했던 네가
고마울거야

원 없이 비벼가던 지친 날개
세상을 호령했던 기억들을
모두 간직할게

힘겨웠던 여름날의
보석같이 찬란했던
내 인생의 장을

애벌레인 내가 너로 인해
승화 시킬 수 있었음을
고백할게

아름다운 계절이 오면
네가 가장 아름다울 거야
그늘로 나를 안아준 네가

가을 사랑

가을아
내게 와주겠니

너와
붉은 사랑이 하고 싶어

너보다
내가 먼저 다가가

뜨겁게 물 오른 널
안고 싶다

우리 사랑이
다 하는 날

너의 허물 같은
붉은 옷에

내 영혼 실어
함께 묻히고 싶다

소금 꽃

강렬한 태양빛이
무작위로 쏟아지던 날

유리 조각으로 태어난
투명한 소금꽃

하늘과 바다가 하나가 되고
바람과 땀방울이 친구 되어

눈부심으로 내게 다가온
하얀 꽃무덤을 만든 결정체

자박 자박 장화소리가
땀방울에 결실이 되어지고

휘파람과 콧노래는
행진곡이 되어 마냥 흥겹다

열대야

영원 할 줄 알았어
너와의 뜨거웠던 만남이

달이 차오르면서
밤으로 스며드는 너의 몸을 보면서

너와의 뜨거운 만남이
영원 할 수 없음을

이글대는 붉은 카펫의 열정은
가을날의 전설이 되어지고

우린 다시
쪽빛 하늘을 수놓을

잠자리 날개짓 가득한
뜰로 가겠지

영원 할 줄 알았어
너와의 뜨거웠던 만남이

여백

잔뜩 움츠린
베란다에 내몰린 베고니아

모처럼 내리는
빗줄기에 놀랐나보다

세차게 창문을 두드리는
빗방울이

여백 가득했던 창에
뿌연 창밖을 그린다

빗방울로 뿌연
창안의 풍경은

진한 모카향이 어우러진
평온이다

내 가슴 속의 쪽배

초록이 부서지는
나의 바다여

내 가슴의 작은 쪽배는
그대의 너른 품에 안기노라

유리알이 되어 흩어지는
허공 속에 물거품들이

쪽배 되어진 작은 가슴에
안식하려하네

각박했던 삶의 시간들과
찌를 듯 날카롭던

내 영혼의 시간들을
한 순간에 삼켜버린 바다

초록이 하얗게 물거품 되어
잔잔한 여유로 다가와

쪽배 되어진 나의 가슴에
안식하려하네

아침바다

동이 트니
바다가 춤을 춘다

뱃길로 이어지던
해안가 절벽엔

땅이 열리고
바닷길이 열리면서

움찔 움찔
작은 생명체들의

꿈꾸는 일탈에
움직임이 분주하다

모래 틈을 비집고 꼬물꼬물
물거품의 행진 속에서

무아지경의 생명체들에
작은 평화가 시작된다

백록담

화산재 덮인
돌 틈 사이에서도

기적 같은 사랑처럼
생명이 움트지

진달래 철쭉 유채꽃은
퇴적암과 어우러져

붉은 잎 노란 잎 틔우고
나비 날아들고

기적 같은 아름다움으로
우릴 감동시키지

용암에 트림하던
뜨거운 물조차

퇴적된 돌덩이에
기대어 식어가며

생명수가 되어

뿌리 내리게 하곤 하지

이처럼 아름다운
대 자연의 생명수

아프지 않고 지켜나가는
영원한 생명이 있으랴

여수 밤바다

여수 밤바다에
내려앉은 하현달

깊어가는 어둠을 뚫고
잠들지 않은 빛의 향연들

차박차박 물결소리가
이 밤의 정적을 깨우네

어디서부터 시작된
에덴의 동산일까

취한 눈 가늘게 뜬
무념의 강태공은 알까

기우는 하현달은
하얀 알몸으로

오늘 밤도 부끄럼 없이
바다에 눕는다

가을아

이제 내게 오겠니

펄펄 끓는
여름 내내

진덕진 마음으로
너를 기다렸어

너에 대한 그리움에
어둠을 품고
헤매이던 밤들이

사무친 그리움에
흔적 없이
하얗게 스러져버렸지

숱한 허기짐으로
기우를 갈망했던
아픈 시간들

이제 시린
너의 품으로

안기고 싶다

가을아
이제 내게 오겠니

가을 창가에서

사랑하는 그대에게
들꽃 한 아름 꺾어 보냅니다

가을 빛 눈부신 창가에서
영롱한 아침이슬 머금은 채

마음 깊이 간직했던 가을 흔적
그래도 깊이 사랑했노라

고추잠자리 날개짓에 실어
보냅니다

아름다운 그대에게
커피 향 가득 실어 보냅니다

찻잔 속에 소망과 사랑
듬뿍 담아 보냅니다

쌉쌀하고 달큰한 그 향에 취해도 보고
따스한 온기에 빠져도 보고

한 번만 꼭 한 번만

보드라운 입술로 다가와

커피 잔에 사연도 실어주고
따스한 두 손으로 감싸주길

주왕산의 가을

산길을 물길을 거슬러
망월대에 올라보니

무엇이 그리 서러웠나
주왕산은 울고 있었다

붉은 선혈이 휘감은 온 산은
아픈 듯 몸부림에 울부짖는다

바스락 바스락 바람결에
서로의 몸을 의지한 채

구름과 구름사이를 덮고
밀고 들어오는 햇살도 덮고

들숨 날숨 미어지듯 그리웠던
내 사랑도 어느새 덮었다

오늘 만큼은 나도 주왕산처럼
피 토한 듯 붉은 심장이고 싶다

가을의 거리

창밖엔 비가 내린다
달도 숨은 밤

짙게 깔린
어둠의 정적을 뚫고

애달픈 쉬바리 음성이
귀에 촉촉하다

속절없이 내리는
빗줄기에

노오란 거리의
추상화도 울고

한 시절을 풍미했던
만추의 황금빛도 운다

이렇게 묻힐 거면서
도도한 빛으로 나를 유혹하다니

한 때 벅찼던

가을날의 희열도 잠시

떨궈진 잎새에
함께 묻힌다

만추

가을로 가을로
사각 사각 걸어가고 있다

주황으로 빨강으로 노랑으로
정점을 찍는 신비의 가을로

거뭇거뭇 나뭇가지는
다 빨려 지친 듯 비틀거려도

올해도 만추의 기쁨이
곳곳에서 스미어 웃고 있었다

가슴을 열고 바라 본 파란 하늘엔
물 오른 충만한 기쁨이 있었고

후드득 팔랑이며 떨어지는 잎새엔
잔잔히 춤추는 바람이 있었다

붉은 노을이 함께하는
은색 갈대밭도 만추의 기쁨이 보인다

콩콩 뛰는
내 가슴처럼

4부 기다림

봄

오늘은 유난히
그대가 보고 싶습니다

기다림

햇살이 눈부신 걸 보니
봄, 그대가 오려나 봅니다

설렘 반 그리움 반으로
창밖을 보지만

아직은 이른지
목련은 입을 물고 있네요

연둣빛 잎새 떨림도 보고 싶고
풀 초롱 이슬 맺혀 또르르

두근거리는 소리도 듣고
싶습니다

오늘은 유난히
봄, 그대가 보고 싶습니다

입춘

분홍 꽃이 피려나
노랑꽃이 피려나

입춘 바람이 칼 지네

고려산 소백산을
지천으로 불태울 진달래향이

망설임 없이
성큼 거리며 다가오고 있어

혹한에 얼어있던 우리 마음들도
봄이 왔으면 좋으련만

분홍진달래 노랑개나리
분칠하며 사치스런 치장할 때

봄은 망설임도 없이
성큼 거리며 다가오네

동백

하얀 겨울에 피어나
동백이라 했던 가

이 땅에 모든 숨소리
붉은 심장 살아 숨 쉬듯

설국 속에 피어 웃나니
예가 겨울왕국이던 가

이 땅에 끝은 어디고
이 땅에 시작은 어디인 지

하얀 설국은
눈이 부시기만 한데

붉은 입술
포개어져 미소 진

순결하고 고귀한
겨울의 여왕 동백이여

불두화

그윽한 향
코 끝 간질이며

엷은 감성으로
내게 다가 온 꽃잎

눈부신 햇살 머금고
영롱한 별빛 머금고

볼그레 상기된 얼굴로
뽀오얀 속살 찌워

긴 잠자던 내게
함박웃음으로 다가왔어라

바라만 봐도 기쁨이여라
사랑이여라

내 여인 닮은 꽃
소담소담 붉어진 불두화

꿈

청운의 푸른 꿈
하얀 배 꽃 따라 피어나

흩어진 푸른 하늘엔
푸른 꿈 가득해라

너울너울 노랑나비 춤추고
하늘 길 날아다닐 때

아지랑이 따라 피어난
애틋한 여인의 사랑

달큰한 하얀 배꽃 잎
소슬바람에 실은 사연에

하늘 길 날아다니며
함께 무르익은 여인의 꿈

설레임

황금빛 오월의 장미
그 눈부신 설레임

햇살 물고 익은 가슴
깊은 날숨에
그리움 가득하네

더 바라지 않아
그저
아침 햇살이었으면

더 원하지 않아
그저
코끝 스치는 바람이었으면

더 바라지 않아
더는 바라지 않아

불광천의 봄

꽃피는 불광천에
봄이 왔네

하얀 벚꽃 잎
바람결에 흐드러지니

저마다 향기품고
우쭐우쭐

눈 뜨고 못 봐줄
도도해진 불광천의 콧대

그러나 어찌 하리
저마다 꽃망울 품고 있다가

마구마구 터뜨리니
너도 나도 봄 축제에

하하 호호
봄 꽃놀이 갈 수밖에

사계

새하얀 들녘이다
황금 들녘이었다

초록물결 넘실대던
풍요를 약속했던 계절

황금가루 온통 뿌려
척박한 대지 채우더니

오늘은
새하얀 들녘이다

감히 누가
자연의 신비를 논하는가

흰 눈은 이리도 희게 쌓여
아침을 열어 주는데

3월

인왕산의 산수유가
노랗게 농 익어갈 때

광화문 네거리는
태극의 꽃으로 익어간다

붉은 선인들의
거침없는 항거의 증표

근정전은 말이 없고
뒤안길에 서서 침묵만 했다

3월. 거리로 뛰어나온
태극의 물결을

선인들의
피와 혼

잊으면 아니되오
선혈이 낭자하여

응고 되어진
후손들이여

운명

우리가 산다 할 수 있나요
내일을 기약할 수 있나요

누구나 천년 살고 싶겠지만
내일 일은 아무도 모르죠

하루살이
한해살이

우리는 축복입니다
저들 보다 몇 곱절은 더 살아야 하니까요

아낌없이 사랑하고
아낌없이 안아주고

존중하므로 나를 채우고
줌으로써 행복한

백해살이가 되자구요

부겐 빌레아

비행기로 5시간 반
질척한 더운 나라 한쪽에

꽃도 아닌 것이
이파리도 아닌 것이

선홍빛 오렌지 빛
설레는 빛으로 눈길을 끈다

“너를 만난 건
기쁨이었고 환희였어”

반가워 가까이 다가가니
이파리는 파르르 떨며

강열한 태양을 머금고
이글대며 녹색 잎을 태우고 있었다

저 마다의 붉게 탄 빛으로
우쭐대며 하늘거린다

풍성하고 아름다운

인상 깊게 자리한 지존

부겐 빌레아

5부 사는 게 뭘까

어려선
꿈만 꾸면 되는 줄 알았어

어른이 되면서
꿈이 허상인걸 알았지

사는 게 뭘까

어려선
꿈만 꾸면 되는 줄 알았어

어른이 되면서
꿈이 허상인걸 알았지

사는 내내
바닥을 비벼가며 버텨보니

삶, 이놈이
나를 열정으로 불타게 했어

하얀 이슬을
머리에 이고 보니

그 이슬이 비가 되고
그 비 때문에 시리고

시린 비 때문에
아리게 아파서 울지

안아도 안아도

시리디 시린 가슴

사는 게 뭘까

그림자

고운 시향 묻어버린 시간
목련의 젖은 감정 움켜진
솜털처럼

한 겨울의 낮 빛의 조화로
나 또한 그림자 되어
웅크리고 있다

바람 불어 흔들어대도
시기하듯 쪼아보는 태양아래
난 아랑 곳 없다

화사스런 봄을 준비하는
꽃망울들의 행진에
초대 받기 위해

난 기다린다
긴 긴 그림자로 남아

미안해

밥 한번 먹자던
너와의 약속이 한 해를 넘는 구나

세상을 곱게 물들이던
꽃들도 한 철이었고

거세게 세상을 흔들던
비바람도 한 철이었거늘

무에가 그리 어렵다고
약속이 해를 넘는 건지

돌아앉은 세월 앞에
우리는 한낱 먼지에 불과 하면서

바쁜 척 잘난 척
쓴 세월을 안았구나

절세미인 양귀비인들
지고 싶었겠는가

이해가 가기 전에
우리의 우정 보듬어 보세

프라하의 하늘

프라하의 파란 하늘에
지천으로 깔려있는 뭉게구름

눈을 뗄 수 없게 아름다워
혼자 보기 아까워라

나 없는 서울 하늘 아래
두고 온 친구들 생각나서

한 아름 끌어안고 내려와
조각조각 나누어

한 조각은 눈에 담고
또 한 조각은 가슴에 담고

나머지는 꼬물꼬물
작은 손에 움켜쥐고는

혹여나 바람 불어 무산될까
역사 간직한 요새 뒤로 하고는

콩 콩 콩 한 달음에
내려와 버렸네

도나우 강

꿈에서라도 도나우 강변을 걸을 수 있을까
소녀는 도나우 강의 잔물결을 흥얼대며
눈을 감고 두 손을 모았다

햇빛에 비친
물빛이 은빛 되어 흐르는 곳
도나우 강엔 낮 빛 은하수가 떠다닌다

아마도 어린 왕자가
은하수에 올라타
수상스키를 타지 않았을까

속박되지 않은 자유로움이
낭만 되어
소녀는 상상의 나래를 폈다

솜털 구름이 전나무 사이로 지나다
내 숨결 속에 들어와
나를 완성 시킬 것 같은 환상

완전체가 된 소녀는 이 땅에 평화와
도나우 강의 물결과 공존하며
아픈 역사의 길을 걷는다

로뜨 레아몽드의 시를 사랑한 소녀

절규의 한 마디를
가슴속에 담아두고

외로움을 끌어안은 채
바다로 간 소녀

등대를 사랑했고
바람을 사랑했으며

샤를 보들레드의 시를
사랑했다던 소녀

번민과 좌절의 주인공을
모두 끌어안은 채

애월의 품에서 꿈꾸었던
따사로운 빛이 되어

소녀은 모든 시간에서
떠나야만 했다

하나하나 꿈꾸며 오르던

백록담 계단을 두고

오로라 하늘 가득 찬
초록빛들과 함께

어목 魚木

아마도...

갚지 못 한 빚이
무한하게 있었던 게지

목이 메여도
말 못 한 사연이 있었던 게야

얽히고 설켰던
꼬였던 인연이란 실타래

까막눈 껌뻑여도
먹먹한 가슴 두드려도

퍽퍽 소리만 나는
둔탁한 소리

모질게 내리는 빗물에도
낮은 자세로 침묵만 하는

지느러미 없이 태어난 나는
풀지 못 한 인연의 업보인 게야

아마도...

송년의 밤

밤으로 가는 길목에
장작 주워 모았네

한 아름 불을 지펴
어둠속에 풀어 놓고

하늘의 별도
우정의 별도 함께 지폈네

잠시 흔들렸던
우리들의 우정

해 맑은 친구들의
환한 미소를 보았네

은박지에 둘둘 말린
군고구마 같이 피어난 우정

통기타에 연가 부르며
우리의 우정도 함께 익었네

하늘

잠시
신호 대기 중 인 차안에서
하늘을 본다

파랗다
구름이 예쁘다

그냥 수식어가 된 하늘이라는 이름
그냥

스치고 지나가는
안타까움

더 이상 형용할 수 없는
막연한 관계

그럼에도
늘 바라만 봐야하는

그냥 이라는
하늘

잘 자

내가

내게
잠을 청한다

눈동자가 쓰려
눈을 감아야한다

LED 빛이 강열하다
나만 쏘아보고 있다

읽다 던져 논
널브러진 책들의 논쟁

머리맡에서 침대 밑에서
혼숙하는 동지들

애들아
그만 자자

욕심

허허로움이 가슴을 후빈다

2인자
1등
첫 번째
100%

슬픔이 남는 숫자

버리고 싶은 숫자

상처

무너지는 자존감

열등

그들과 서있다
지금

분열

오해가 오해를 낳았다
다툼이 와전되어 틈이 생기고

균열은 더 깊어져 갔다
골이 생겼다

촉을 세웠고
각을 깎았다

쓸데없는 자존심이
상처에 소금을 뿌려

아팠다
몸부림 쳤다

아파본 사람만이
그 고통을 안다

내가 왜 아팠는지
내가 왜 나를 사랑하지 않았는지를

분열의 원인은
나를 사랑하지 못한 내 잘못이다

개미

하늘빛 한번을
올려다보지 못했다

운명적으로 난
땅만 바라 봐

앞만 보고 달렸지
시작점도 끝점도 모른 채

사람들은 말하지
부지런하다, 부지런하다

콩새도 작은 날개 퍼득이고
메뚜기도 콩콩 뛰어다니는데

난들 기고 싶었겠나
무지한 사람들아

외톨이

누군가 말한다
나를 바라봐 주지 않는다고

그리곤
말을 건네주지 않는다고

관심 가져 주지 않는다고
저 사람 변했다라고

그다지 사람들은
본인 외에는 관심이 없다

그가 밥을 먹었는지
그가 어딜 가는지
그가 왜 아팠는지

왜냐고 묻는다면

나도 배고프고
나도 바쁘고
나도 아프니까

그리곤 말 한다
나 힘들고 아플 때
넌 뭐했냐고

명품

한 뼘 밖에 안 되는 종아리로 앉았다 일어났다 하는 모양새가 너무 신기하고 귀여워서 눈을 떼지 못했던 막둥이 조카가 군에 입대를 했다. 귀여움에 극치를 달리던 때가 엊그제 같은데 까까머리에 조금은 빠진 듯 뱃살이 어색해서 한참을 바라보며 웃었다

국방부 시계는 천천히 돈다는데 내게는 훅 돌아간 것 같은 생각이다. 운동을 좋아했던 조카는 종횡무진 축구화를 신고 넓은 운동장을 뛰어 다니며 체력을 키웠기에 걱정은 되질 않았다. 군복이 아직은 적응이 되질 않았는지 불편해하는 이등병 조카는 외출 나오면서 선물을 가져왔다.

대한민국 군인의 월급은 누구나 알 수 있는 숫자. 데이트하랴, 군것질하랴, 피부 관리하랴 저 쓰기도 턱 없이 부족할텐데 마음 씀씀이가 너무 기특해 감동했다.

px에서 인기폭발 상품인 '달팽이 크림, 가격 대비 용량 많고 품질 좋고 더 이상 뭘 바라겠는가. 엄마 것 사면서 이모가 생각났었나 보다. 공항 면세점이나 px면세점이나 다를 게 뭐 있겠나.

블란서 oo 상품보다 더 소중한 명품을, 아끼자니 똥 될 거 같고
달달 털어서 감사히 쓰고 있다.

흐린 날의 기억

난 싱어 송 라이터가 아니다. 노래를 잘 하는 것도 아니고 음치에 가까운 성대를 가졌다. 그럼에도 듣는 감성은 다행이도 발달 되어 있다.

음악과 함께하는 시간만큼은 차분해지고, 생각하게 되고, 뭔가 꿈틀대며 느껴지고, 얽혔던 일들이 정리되면서 이해타산이 수월해 진다.

뮤직 룸과 오래 함께했던 시간만큼이나 많은 장르의 음악과 친숙한 사이가 되었다. 내겐 유일한 대화의 창이었으며 마음의 안식처였으며 깊은 감성을 표출하는 유일한 도구였으며 비상구였다. 쉬고 싶을 때 편안한 의자 기댈 수 있는 등받이였다.

함께하는 친구들이 많아지고 아는 곡들이 많아지면서 시간으로의 제약을 많이 받았다. 생활은 지쳐갔고 일상이 흔들렸다. 생명수가 되어 갈증을 해소 해주던 뮤직 룸에서 고립되어 나만의 운둔생활이 거리낌 없이 자행되고 있었다. 중독이었다.

이 순간만큼은 헤어나고 싶었다. 갑자기 쌓아온 많은 시간들을 무너뜨리고 싶을 때 그럴 때가 한번 씩 있다. 나만의 감정에 빠져 허우적거리고 있을 때 과감하게 결단을 내렸다. 오랜 친구들과 자식처럼 아끼던 수많은 곡들과 예쁜 글들 포스팅 했던 멋진 작품들 속에서 난 빠져 나왔다.

애틋한 친구를 잃었다. 허전했다. 일이 손에 잡히질 않았다. 눈물이 났다. 되돌릴 수 없음이 아팠다. 허우적거렸다. 마치 금단현상을 겪는 사람처럼. 마치 금주현상을 겪는 사람처럼. 쉽지 않은 선택이었다.

장대비가 오고 있었다. 거리는 갑작스런 폭포수가 되어 샌들 신은 내발을 삼키려 했다. 깊게 눌러쓴 우산 속 에서 친구에게 전화를 받았다. 수화기 끝에서 들리는 생소한 노래에 귀가 쫑긋해 졌다. 이렇게 흐린 날 따뜻한 찻잔과 함께 듣기에 아주 매력이 있던 곡, 순간 훅 하고 가슴을 밀고 들어와 3년이라는 긴 시간을 내 발목을 잡고 있었다.

나의 무수한 밤들을
지켜주었던 춤추던 음계들

아둔한 내 마음을
도려내려 했을 때도

이해할 수 없는 변수를
꿰맞추려 버둥거릴 때도

속내를 들추려 하지 않고
묵묵히 위안이 되어 주던 음계

너를 버린 것은
나를 버린 것이고

너를 묻어 버린 건
나를 묻었음이지

아픔이 증폭되어
찢기기에

끙끙
신열을 앓는다

흐린 날의 기억 속에서

6부 문학 속으로

우리 님 가시는 까만 밤에
별을 뿌려
길을 열어주오

모죽지랑가 慕竹旨郎歌

새여
널 자유롭게 하리라

하늘과 땅을 가로지르며
평화를 물어나르나니

우리 님 가시는 까만 밤에
별을 뿌려 길을 열어주오

새여

밤바다 한 가운데로
둥근 달 물어와 꽂아주시고

칼바람 불어
그대 가는 길 험하더라도

바람 되어 찾아 온 길손
귀하게 대접하여 보내주오

*득오와 죽지의 이별이야기

제망매가 祭亡妹歌

관속에 누웠어도
이보다 더 쓸쓸할까

찢어진 꽃잎
낙화되어 흘러도 이리 허망할까

빛 바라 구멍 난
연기되어 오르는 낙엽도

피리 불며 헤매고 다니던
월명도 이 맘이었을까

홀로 있다는 거
죽음보다 치명적인 것

왕 건

서얼이라 했던 가
내가 선택한 삶은 아니였네

먹어도 먹어도
늘 허기진 인생

물로 배를 채워도
열매를 목구멍으로 밀어 넣었어도

구역질 나는
허기와 갈증

채워야 누릴 수 있는
영혼의 평온을 위해

당도 먹고
백제도 먹고
신라도 먹었으니

나는 이제
배부른 고려의 주인

허난설헌(1563-1589)

성리학을 중요시 하는 조선 중기에 태어나 난초처럼 청초한 삶을 살다간 여인. 사대부 집안에서 태어나 남자 형제들과의 사이에서 동등한 조건을 가지고 뛰어난 감성을 표출했던 그녀, 하지만 시대적 악조건이 그 끼를 허용하지 않았다.

성리학의 이념으로 보수적인 가문의 며느리로서 살기엔 한계가 있었던 시대적으로 불운의 생을 살았다. 15세 때 명문가 자제와 결혼 했으나 아들보다 잘난 며느리가 고와 보였겠는가. 모진 시집살이와 친정의 몰락으로 지친 그녀는 아이까지 잃고 친정으로 쫓겨났다. 시름시름 앓던 그녀는 내가 죽으면 "이 글과 그림 모두를 불 태워 없애달라.", "이 글 때문에 내 인생이 망가졌다."며 남동생 허균에게 맡긴다. 27세의 젊은 꽃 같은 시절을 부용꽃 붉게 떨어지듯 지고 말았으니 안타깝기가 하늘을 찌른다.

훗날, 허균은 중국으로 건너가 사신에게 이 글들을 선물로 준 것이 진가를 보여주었다 한다. 시대를 앞서 태어난 불운의 여인은 시를 지으며 스스로를 위로하다 삶을 등졌다. 초희의 혼을 기리며 작품을 소개해본다.

「몽유 광상산 시서」

푸른 바닷물이
구슬 바다에 스며들고

푸른 난새는
채색 난새에 기대었구나

부용 꽃 스물일곱 송이가
붉게 떨어지니

달빛 서리 위에
차갑기만 해라

꿈에 광상산에서 놀던 일을 시로 옮긴 것이다.

스물일곱 곱디고운 나이에 꿈 한번 펼쳐 보이지 못하고 요절한 중세여인의 삶을 노래한 것이다.

키 작은 홍길동

'고향이 어디냐고 묻지를 말아다오.
서럽게 태어난 몸이라서
할 말도 못 하겠네.'

한 소년이 통기타에 목숨을 건 채 노래를 한다. 낮은 기와 지붕 밑구멍이 숭숭 뚫린 블록 담 사이로 달빛이 스며들 듯 깔린다. 자유롭지 못했던 출생의 비밀은 소년의 가슴에 내리며 들리는 빗소리와 함께 흘러 내렸다.

하잘 것 없는 삶의 넋두리가 귀퉁이 낡은 통기타의 음률에 실려 하루하루를 위로하고 있었다.

어둑해진 창밖엔 모찌떡 장사의 쩡그렁 울리는 목소리가 하루 종일 쌈질하다 잠든 닭들을 들쑤신다.

소년은 따듯한 아랫목에 등을 눕히고 이내 잠에 빠진다. 엄마의 자궁속이 이처럼 따듯할까. 엄마의 젖가슴에 얼굴을 묻고 손을 묻은 것처럼 이 순간만큼은 행복했다.

삶이 덫이었을까. 피력할만한 무기도 대항할만한 논리도 아무 힘도 없던 소년은 연민을 가슴으로 끌어안은 채 그렇게 어른이 되어갔다.

빠른 세월만큼 중후한 백발이 되어 진 남자. 그는 회상한다. 지향하는 꿈을 향해 실현하지 못 했던 처지의 현실을 망각하자 다 버리고 나니 아플 것도 서러울 것도 없지 않은가.

회심의 미소가 어느새 얼굴로 번지기 시작하고 평안한 마음으로 말한다. 삶이 나를 조롱한 것을 이유 없이 사랑하자고.

황진이

무슨 사연 안고 왔는가
밤하늘 꽃피운 밝은 달아

오늘 유난히 하늘 가득하나
눈이 부셔 차마 볼 수 없어라

청초가 요절하여
두고 간 벽계수 사랑아

그리움 못내 서러워
차디찬 겨울 하늘 왔는가

명월의 가슴에 품은
그리움의 가락들이여

이 밤하늘
가득 메웠나니

그들의 못 다 이룬 사랑
찾아 주러 왔는가

□ 작품해설

고매 高邁한 인성 人性의 자아의식 노래

– 조성복 시와 수필 『시인의 마음』

한 화 덕
(시인 · 수필가 · 한여울문학 대표)

1. 꽃잎이 발길에 내려앉는 시인의 마을에 발을 내딛다

시인이자 수필가로 등단한 조성복 작가의 제 3집 작품을 만난다. 그의 첫 시집 『아침을 여는 소리』, 두 번째 작품은 시와 수필로 엮은 『추억 너에게로』에 이어 세 번째 작품의 상재는 『시인의 마을』이다.

반가움과 함께 축하를 하며 '시인의 마을'에 입성하는 그의 발걸음의 마음 만큼이나 보는 이도 설레인다. 그곳을 내딛음에서부터 그는 무엇을 보았으며, 무엇을 느꼈는지이다. '시인의 마을'에 입성하여, 발걸음-채취-안착-연마하는 작가로서의 일련의 과정의 횡보가 기대되며 진지하게 임하는 자세가 언젠가는 그 무엇이라는 빛의 거대한 조각 작품을 빚어내고야 말 것 같은 예견이 든다.

구성은 1부-6부까지로 시와 수필이며, 고전작품은 6부에 담았다.

1부	시인의 마을	14편
2부	사랑의 빛	14편
3부	손님	15편
4부	기다림	11편
5부	사는 게 뭘까	16편
6부	문학 속으로	6편

의 시와 수필과 함께 총 76편으로 이루어져 있다.

1부 여정

무심코 걸어간 시인의 마을에
아롱다롱 오색 빛의
옥구슬이 구른다

한 발 디디며 내민 발끝에
꽃잎이 걸린다

걷다 보니
형형색색 눈부신
주황의 동산이 보인다

때론

바람결 빗줄기에
사그락 사그락

서로 부비며 울어도

시인의 마을엔
따듯한 마음과 사랑이 있다

-「시인의 마을」에서

무심히 걸어간 시의 마을엔 아롱다롱 오색 빛의 색의 언어가 있고, 꽃잎이 발길에 내려앉는 따뜻한 마음과 사랑이 살고 있음을 발견한다. 이미 그 발견은 육안으로 지녀본 것이고 실상의 마음 경계 안으로 지니고 있는 작가의 자질적 성품의 성향으로 함께 살고 있었음을 작가는 알고 있다. 다만 갈고 닦은 글은 마음의 보석이 되고 인내와 각고의 시간들을 위로와 안위하면서 감각적인 시어의 발견과 함께 사실묘사라는 형상의 감각화로 시의 건축 조형인 뼈의 언어조각으로 맞추고 있었다.

허기진 아침
너에게 매료되어

늘어진 육체에
뼈들의 조각을 맞춘다

어느새 난
너의 곁으로 향하고 있고

내 깊은 그곳으로
너를 받아들이고 있다

온 몸의 전율을 흔들어

나의 모든 것을 깨우고

흘러나오는
집시 바이올린과 함께

내 영혼은 오늘의 꿈을 꾼다

–「커피중독」 전문

궁금한 게 있어요
저물어가는 석양 길에서
나의 내일은 어떨지

내일도 오늘처럼
각박하고 으르렁대며
한 치의 여유도 없을지

깊은 시간의 늪에서
헤메이다
잠 못 드는 건 아닌지

인내의 끝에서 버티다 버티다
데롱데롱
발버둥 치는 건 아닌지

저기요
한 번쯤 저의 손을 꼭
잡아 줄 수는 없는지

–「저기요」 전문

여명은 어둠을 헤치고
잠든 나를 깨운다

바닥 깊숙이
침전되어 드러누운 내게

아주 섬세한 빛으로
다가와

하나씩 하나씩
섬세함으로 나를 세운다

홑잎 벗기듯
새벽이 움직인다

나이가 하나씩 더 해지면서
눈 뜨는 일상이 고마운 내게

밤으로부터 기다린
새벽이 오늘도 온다

－「새벽」에서

일상의 사물과의 대구(법)는 사물이 주체가 되고 나(화자話者)가 객체가 되면서 빛으로 다가오고 섬세한 감성이 자리 잡고 있는 나를 세우고 오늘의 선물을 위해 새벽이 움직이고 눈뜨는 일상이 기다린 새벽으로 온다는 것이다.

도심 한 가운데
휘청이고 있다

죽을 듯 사는 매일에게
유서를 남긴다

하루라는 이름을 가진 섬에게

난 고립되었고
반복되는 일상에게
괴롭힘을 당하고 있습니다

회의와 번민이 가득한
앵무새의 읊조림에서
난 떠날 겁니다

지금은 섬 귀퉁이에서
쪼글대고 있지만
달 밝을 오늘 밤, 난

이 섬을 탈출해
자유를 찾을 겁니다
내 이름과 함께

-「섬」전문

벗어나고 싶은 하루라는 이름을 가진 '섬'에서 앵무새가 되어 반복하는 괴롭힘을 당하는 섬 귀퉁이 이곳, 날 밝은 날에 자유라는 나의 이름을 찾아 떠난다는 작가의 일상의 선언이다. 섬이란 육지에서 떠나온 또 하나의 땅, 바다를 곁에 두고 사는 물에 솟아오른 땅이다. 그런데 분리된 땅이 아니라 내 안의 삶 속에 또 하나의 공간으로 가슴에 함께 살고 있는 땅의 이야기이다. 마음 안의 섬에서 목적이 있는 '나의 가두리' 일탈을 꿈꾸는 자로 어둠 속에 소리 없이 키워내고 있는 실상의 섬은 삶의 결정체인 것이다.

눈꽃 쌓인 겨울 숲으로 가자

쌓인 눈이 발목을 잡고
길을 막아도 올라보자

가슴으로
기억하고 있던 것과

상념의 파편들을
묻어버리자

어차피 빈 손이였고
홀몸이었으니

무엇이 서럽고
아쉽겠는가

그러나
발자국 하나는 남기자

이 정도 자격은
내게도 있지 않을까

–「겨울 숲으로 가자」에서

그의 2번째 선언과 단언은 겨울 숲의 길 위에 하얀 발자국을 남기는 것이다. 풍성한 숲의 흔적, 그 위에 또 하나의 걷지 않은 발자국. 하나뿐인 나의 발자국은 '내게도 자격이 있지 않을까' 되뇌이며.

거꾸로 사는 거야
남들이 뭐라든 말든
난 본능에만 충실하지

거꾸로 살아보니
이 방법도 맘에 들어
늘 추락만 하는 미물

누군 하늘만 바라보고
내겐 땅이 하늘이지
별이지 달이지

어둡고 고독한 시간이
작렬하게 하혈하며 낙하하는
나는 늦깍이

-「거미」 전문

거꾸로 가는 시간, 거꾸로 가는 인생, 어둡고 고독한 시간이 아래로 낙하하며 흐르는 과거의 시간 속을 다시 헤매는 인생. 아침이 오면 거미에게도 지난 바람 부는 간밤의 시간을 다시 헤집고 복원하여 다시 집을 건축하는 힘이 있다. 거꾸로 사는 거미의 능력처럼 우리 인간에게도 삶을 복원하는 힘이 다시 주어진다면 거꾸로 사는 인생, 비록 늦깎이 생일지라도 어둡고 고독한 인고의 시간이 지나 '땅이 하늘이고 별이고 달인' 광영의 시간의 순간을 맞이할 것이다.

공자께서도 논어 論語, 학이 學而편에 말씀하시기를,

배우고 때로 익히면 (學而時習之면)
또한 기쁘지 않겠는가 (不亦說乎아).
벗이 있어 먼 곳으로부터 찾아오면 (有朋自遠方來면)
또한 즐겁지 않겠는가 (不亦樂乎아).
남이 나를 알아주지 않더라도 (人不知라도)
노여워하지 않음은 (而不慍이면)

어찌 군자의 도리가 아니겠는가 (不亦君子乎아)

라 하셨다.

학문을 배우고 익히게 되면, 가까운 사람이나 먼 곳에서까지 찾아와 서로 의기가 상통하여 친구가 많아지고 마음도 기뻐지고 배움에 기쁨 (열說)이 된다. 학문을 연구하고 수양하는 군자는 오로지 학문에 뜻을 굳게 세워 지켜나가야 한다고 하셨다.

자신의 미래와 보람과 풍요로운 마음을 위해 앞으로 나아가는 조 시인의 굳은 신념과 열정에 큰 박수를 보내는 바이다.

'훗날 그때가 봄날이었다고'

주워 담지 못 함을 알았을 땐
이미 늦었다

액체가 되어 입 밖으로
흘러내림을 직감 했을 때

머리는 이미 혼미해
어지럼증이 났다

끈끈하게 매달린 액체는
갈피를 찾지 못 해 휘적이고 있다

한 치의 혀는 한 사람을 휘장치고
결국 관속에 부동으로 눕게 했다

-「말」에서

무생명의 말의 언어가 관속으로 사어 死語가 되어 결국 눕는다는 상징성이다.

말의 힘은 언어를 통해 그 사람을 전달되게 하고 돋보이게 하고 빈약하게 하고 모호하게 하여 혼돈 되게 하고 언어를 통해 비로소 사람됨을 이룩하고 형성한다. '한 치의 혀가 한 사람을 휘장치고 결국 관속에 부동으로 눕게 했다.'는 연상 상상의 상징적 어법이다.

인간이 언어의 능력을 잘못 조정한 죄로 죗값을 치르는 순간을 본다. 그것이 말의 심판이다.

언어는 그릇에 담으면 정서와 영양이 자라나고 관속에 담으면 사어 死語가 된다. 오늘 말이 심판하여 스스로 심판대에 오른다. 언어를 통해 이성을 가지게 된 창조적 기능의 정신이 사람답게 했다.

2. 인생의 진리가 있는 깨달음의 하루

2부 사랑의 빛

친구가 그려 놓은
꽃을 보고 있다

만져보고 싶은 충동은
꽃의 숨소릴 듣는 다

바람에 나부끼면 생화다

향기가 흩어지면 생화다

논리는 언제나 근거가 필요하다
정의는 정당함을 원칙으로 한다

생각이 쉬워졌다
바라만 봐도 취하는 꽃과 화병

누가 봐도
꽃은 숨쉬고 있었다

–「수채화」에서

무생명의 생명화를 느끼며 감정이입이 되는 순간이다. '바람에 나부끼면 생화다. 향기가 흩어지면 생화다. 바라만 봐도 취하는 꽃과 화병. 꽃은 숨 쉬고 있었다.'

사물과의 대화법은 감성적 언어의 접근으로 사물 느낌의 이미지화이다. 사물의 육화 肉化되기의 직접 화법으로 – 바라보기・관 觀에서 – 마음을 열고 심안 心眼으로 의식의 다리를 건너 사실묘사는 생각의 인지작용을 돕고 마음에서 입증, 검증되면 사물에 생동감을 느끼며 사물과 혼연일체로 무의식 속에 사물과 하나로 소통하는 물아일체 物我一體의 순간을 맞이하며 자연과 하나가 된다. 꽃이 바람에 흐르는 듯 보이지 않는 향기가 흐르고 숨 쉬는 연상으로 영상이 그려진다. 참 작가적 소양인 창조적 상상력의 역동성이다.

너른 너른 세월에 묻혀
퇴색 되어 진 낡은 친구

툇마루 한 쪽 켠에
구부정 기대어 서서

세월 함께한 친구 기다리며
눈을 지그시 감는다

이 길이 소명의 길이라면
따르리

굴러 떨어진 신발 한 짝
걸어 올리는 것 쯤이야

신발짝 물어 나르는
누렁이 엉덩이도 때려 줄 것이고

친구가 기침하면
기꺼이 친구의 손에 앉으리

이 길이
내 소명의 길이라면

–「늙은 지팡이」 전문

세월을 견준다. 생의 미래를 본다. 측은지심 惻隱之心한 늙은 지팡이 친구.

함께한 세월에 소명의 길처럼.

사물에도 각자의 소임이 있다면 소명을 다했다면 나를 대신한 사물에게도 공감대를 형성하여 생명체의 에너지로 전환하는 사물의 의인화 擬人化로 함께 힘과 사랑을 느낀다.

색종이 고이 접어
푸른 창공에 띄울까

새로운 태양에게 다가가

반갑다 안아주고

저 들녘
바람결 웃는 꽃잎으로 다가가

살포시 고운 미소도
전해주고 말이지

푸른 하늘과 푸른 들판
맘껏 날아다니며

가슴에 묻어두기만 했던
하고 싶지만 하지 못 했던 말과

못 다 이룬 소망
내 맘 실어 전해주라고

–「친구야 우리」 전문

사물과의 자연과 함께하는 합일성을 발견한다. 친구란 세상을 살아가는 힘이 있듯 대자연과의 소통이다.

그림자가 길어졌다
나른함에 지쳐가는 시간

나침판은 서쪽을 가르키고
해를 끌어당기고 있다

이 길에 서서
흐르는 눈물의 맛도 보고

이 길에 서서
흐르는 땀방울의 맛도 보았다

흐르는 것은 같았다
짭조름 맛도 같았다

소중한 건
내 수고로움에서 흘렀다는 것

그림자의 길이만큼이나
희망이 길어졌다는 것

-「희망」 전문

희망과 고뇌의 주체는 조 시인이다. 이 길에 서서 흐르는 눈물의 맛과 흐르는 땀방울의 맛도 같고 모두 소중한 내 수고로움에서 흘러, 희망을 그림자의 길이만큼 비례하더라는 인생의 진리가 있는 깨달음의 하루이다.

3. 붉은 사랑의 옷을 입다

3부 손님

가을아
내게 와주겠니

너와
붉은 사랑이 하고 싶어

너보다
내가 먼저 다가가

뜨겁게 물 오른 널

안고 싶다

우리 사랑이
다 하는 날

너의 허물같은
붉은 옷에

내 영혼 실어
함께 묻히고 싶다

–「가을 사랑」 전문

육신의 옷에 인간의 몸이 감정이입하여 함께 하는 순간으로 벗음이 아니라 다시 한 번 생명의 감정 옷을 입는 '붉은 사랑의 옷'으로 되살아나는 감정의 부활, 영혼 탄생의 힘이 있다.

계절마다, 아니 붉은 가을의 계절 봄의 새로운 태동에 물들 수 있다면 우리 인간은 뜨겁게 물오른 널 먼저 다가가 안겨도 좋으련!

홍안의 미소가 있는 붉은 사랑아!!

담백한 감정의 전율이 흐르는 시이다.

여수 밤바다에
내려앉은 하현달

깊어가는 어둠을 뚫고
잠들지 않은 빛의 향연들

차박차박 물결소리가

이 밤의 정적을 깨우네

기우는 하현달은
하얀 알몸으로

오늘 밤도 부끄럼 없이
바다에 눕는다

－「여수 밤바다」에서

여수 밤바다의 관능의 달을 본다. 반쯤 바다에 내려앉으려는 달의 묘연함이 요염하기도 하여 잠들지 않는 빛의 향연으로 오욕칠정 五慾七情의 인간의 정서는 사랑도 미움도 슬픔도 욕망의 분노도 기쁘고 즐거울 수 없는가.

물결 소리 정적을 깨우니 하현달의 뽀얀 속살 너머로 잠들지 않는 빛들이 무심히 저 바다에 함께 눕는다. 공간 속에 영원히 머물지 않으며 어둠에서 빛을 발하는 저 달과 함께 –.

4. 푸른 물의 거울 같은 창 窓의 얼굴

4부 기다림

청운의 푸른 꿈
하얀 배 꽃 따라 피어나

흩어진 푸른 하늘엔
푸른 꿈 가득해라

너울너울 노랑나비 춤추고
하늘 길 날아다닐 때

아지랑이 따라 피어난
애틋한 여인의 사랑

달큰한 하얀 배꽃 잎
소슬바람에 실은 사연에

하늘 길 날아다니며
함께 무르익은 여인의 꿈

-「꿈」 전문

한 폭의 '인생의 꽃'을 바라봄이다. 청운의 꿈이 소생하여 맺고 피어나 푸른 하늘 물가에 퍼지고 하얀 배꽃의 달큰한 사랑은 하늘 길에 나르며 무르익는 여인의 꿈이 있는 꽃이다.

삶의 시작과 끝으로 가는 길, 시작은 끝으로 가고 있고 끝은 다시 시작을 알리는 꿈의 상징적 이미지 요소는 자연물의 외부적요소로 씨앗, 발자국, 바람 등이며 이 시의 내포성은 꽃 / 하얀 배꽃이다. 길 위에 만든 언어의 꽃으로 생각의 길, 마음에서 영혼으로 이어지는 꿈의 길이다.

꿈은 자기 이상과 함께 설계 되어진 무지개의 청사진이다. 예시적으로 비전과 함께 현실과 대화하는 가슴에 품은 창窓이다. 바라볼 수 있고 비춰볼 수 있고 그려볼 수 있는 형상이고, 그리스 로마 신화 속 나르키소스의 눈에 투영된 푸른 물의 거울 같은 창 窓의 얼굴이다.

5. 빛과 시간의 질서를 기다리는 자

5부 사는 게 뭘까

어려선
꿈만 꾸면 되는 줄 알았어

어른이 되면서
꿈이 허상인걸 알았지

사는 내내
바닥을 비벼가며 버텨보니

삶, 이놈이
나를 열정으로 불타게 했어

하얀 이슬을
머리에 이고 보니

그 이슬이 비가 되고
그 비 때문에 시리고

시린 비 때문에
아리게 아파서 울지

안아도 안아도
시리디 시린 가슴

사는 게 뭘까

-「사는 게 뭘까」 전문

산다는 것은 함께함이요, 나아감이다. 또한 걸어가는 것이요, 살아내는 것이다. 그리하여 자연을 함께 보는 것. 그 속에 함께 나누는 것이다. 조 시인은 이제 지천명知天命의 언덕을 걸어가면서 열정의 길속에 삶의 만상 萬象, 애상 哀想, 군상 群像으로 하얀 이슬도 시리게 비가 되는 시린 가슴도 젖어본다.

'사는 게 뭘까!'

그는 살아 있는 것을 향해 말하는 작가적인 목소리의 힘을 가졌다. 얘기 정담 나누는 자연의 관찰 지자 智者요, 푸른 녹음의 메아리 소리를 듣는 감성을 지니고 써도 마르지 않는 감성의 권능을 부여받은 인장 因章으로 동화나라 숲의 여신이며 글 숲의 관장이다.

그리고 자신에게 묻는다.

'사는 게 뭘까!' 끊임없이 자신에게 반문하며 작가적 소양을 쌓아가는 빛과 시간의 질서를 기다리는 자이다.

> 고운 시향 묻어버린 시간
> 목련의 젖은 감정 움켜진
> 솜털처럼
>
> 한 겨울의 낮 빛의 조화로
> 나 또한 그림자 되어
> 웅크리고 있다
>
> 바람 불어 흔들어대도
> 시기하듯 쪼아보는 태양아래
> 난 아랑 곳 없다

화사스런 봄을 준비하는
꽃망울들의 행진에
초대 받기 위해

난 기다린다
긴 긴 그림자로 남아

-「그림자」 전문

그림자의 속성은 가둔다. 움켜진 솜털처럼 젖은 감성을 움켜진 빛의 조화로 발생하여 어둠을 두려워하고 탈출을 시도하려 기다리는 자이고, 태양의 강력한 존재는 아랑곳 하지 않는 자신만의 얼굴을 지닌 자이기도 하다.

화사한 봄의 행진의 준비를 위해 오직 긴 기다림의 그림자로 남는다는 '그림자'의 생존 이유이다.

그림자는 보이지 않는 얼굴로 늘 빛과 함께하여 또 하나의 세계를 담고 있다. 슬픔과 상처, 우울함, 자신의 모습을 드러내지 않고 한줄기 빛을 갈구하며 긴 긴 그림자 속에서 산다. 그림자는 내면의 현실에 있는 작가적 표현의 모습이고 벽에 기대어 숨길 수 없는 휴식의 텅 빈 공간이다. 기다림으로 희망이 높아지고 있다는 것을 아는 그림자는 현실의 역설적 관점으로 탈출구이다.

아마도...

갚지 못 한 빚이
무한하게 있었던 게지

목이 메여도

말 못 한 사연이 있었던 게야

얽히고 설켰던
꼬였던 인연이란 실타래

까막눈 껌뻑여도
먹먹한 가슴 두드려도

퍽퍽 소리만 나는
둔탁한 소리

모질게 내리는 빗물에도
낮은 자세로 침묵만 하는

지느러미 없이 태어난 나는
풀지 못 한 인연의 업보인 게야

아마도...

–「어목 魚木」 전문

'목어 木魚'는 사찰의 새벽 수행 시 사용하는 사물 四物 (범종, 북, 목어, 운판)로써 수중 미물이 된 중생이 미혹한 어리석음에서 깨어나 수행하라는 뜻으로 쳐서 울림이 있다. 작가는 허공에 매달려 있는 것을 보고 목이 메여 보였고 인연 因緣의 업보로 침묵하여 묵상하는 것으로 보았다. 모질게 비 내리는 빗물에도 낮은 자세로 임하고 지느러미 없이 태어난 것도 모두가 풀지 못한 중생 衆生의 인연보 因緣報라 생각하였다.

「어목 魚木」은 관찰시, 사물 묘사시이다. 관觀하여 보는 작가적 시각으로 해석한 시로 사물의 의인화적 擬人化的 행

위로 풀었다. 「어목 魚木」의 고요 속에 비친 3개의 주제 시안은 사연이 있는 인연의 실타래이고, 낮은 자세로의 침묵의 눈이고, 풀지 못한 업보 業報의 생 生이다.

6. 밤하늘 꽃피운 달아, 님의 길을 열어주는 고전문학 속으로

6부 문학 속으로

새여
널 자유롭게 하리라

하늘과 땅을 가로지르며
평화를 물어나르나니

우리 님 가시는 까만 밤에
별을 뿌려 길을 열어주오

새여

밤바다 한 가운데로
둥근 달 물어와 꽂아주시고

칼바람 불어
그대 가는 길 험하더라도

바람 되어 찾아 온 길손
귀하게 대접하여 보내주오

–「모죽지랑가 慕竹旨郎歌」 전문

고전시가 속의 「모죽지랑가 慕竹旨郎歌」는 8구체(8행) 향가로 신라 32대 효소왕 때 화랑 '죽지랑 竹旨郎'에 대한 낭도 '득오 得烏'의 추모와 사모의 정이 담긴 종교적 색채가 없는 '순수한 개인적 서정시'이다.

양주동 박사가 해석한 내용의 원문은

지나간 봄을 그리워함에
모든 것이 울어 시름하는구나
아름다움을 나타내셨던
그대의 얼굴이 주름살을 지니려 하는구나
눈 돌이킬 사이에나마
만나 뵈옵기를 지으리이다
죽지랑이여, 그리운 마음이 가는 길
다북쑥 우거진 마을에 잘 밤 있으리오 이다.

'죽지랑 竹旨郎'은 신라의 명장으로 김유신과 함께 삼국통일의 공을 세웠다. 벼슬이 17관등 중 2등인 이찬까지 올랐다 한다. '득오 得烏'는 신라 효소왕 때 낭도로서 화랑인 죽지랑의 무리이다.

그 배경설화를 보면,

'죽지랑 竹旨郎'을 모신 '득오得烏'가 갑자기 열흘 가까이 나오지 않았다. 낭이 그의 어머니에게 연유를 물으니 모량리의 '익선'이라는 자가 내 아들을 부산성의 창고지기로 급히 데려가 인사도 못하고 떠났다. 낭은 밭에 일하는 득오를 위로하고 득오의 휴가를 청했으나 익선에게 거절당했다. 뇌물을 주어 겨우 휴가를 얻어냈다. 조정에서 이 이야기를 듣고 익선을 혼내주려 했으나 도망쳤다. 득오가 낭의 후의를 베풀어준 사모의 곡으로「모죽지랑가 慕竹旨郎歌」가 탄생한 것이다. 죽지랑의 인품에 사모의 정으로 애도하였고 인생의 무상감과 함께 화랑세계를 잘 보여준 작품이다.

지나간 봄의 표현은 죽지랑과 함께 지내던 날의 상징으로 죽지랑을 그리워하며 낭의 늙은 모습도 안타까워한다. 눈 깜짝할 사이는 죽음에 대한 충동적 그리움으로 '다북쑥 우거진 마을' 황량한 곳에 지내다니 재회할 수 없는 안타까운 심정이 담겨있다.

조 시인의「모죽지랑가 慕竹旨郎歌」에는 '득오'의 입장에서 '죽지랑'과의 삶의 이별의 아쉬움을 담고 있다. 시의 내포성에 새는 자유의 영혼으로 우리 님이며 안내자이다. 까만 밤에 별을 빛으로 뿌리고 다시 그 새를 불러 둥근 달(광명)에 다리는 놓게 하고 바람이 된 길손에게 내 님을 귀하게 대접해 달라는 당부까지 한다. 은혜를 보은 報恩으로 갚는 덕德 있는 자의 모습으로 그 랑의 낭도다운 품성을 '득오'의 마음을 느끼며 작가는 글에 담았다. '죽지랑'과 '득오'의 화랑 낭도의 품결이 흐르는 의리사를 고전시가의 작품 속에서 만나 보았다.

관속에 누웠어도
이보다 더 쓸쓸할까

찢어진 꽃잎
낙화되어 흘러도 이리 허망할까

빛 바라 구멍 난
연기되어 오르는 낙엽도

피리 불며 헤매고 다니던
월명도 이 맘이었을까

홀로 있다는 거
죽음보다 치명적인 것

―「제망매가」 전문

고전시가 원문의「제망매가 祭亡妹歌」는 10구체(10행)의 향가로 신라시대 경덕왕 때의 고승 월명사月明師가 지었다. 요절한 누이를 추모하며 부른 이별이라는 인간사의 슬픔을 종교적으로 승화한 애상적, 추모적인 노래로 별칭은 위망매가이다.

그 내용은,

삶과 죽음의 길은
여기에 있으므로 두려워하고
나는 간다는 말도
못다 이르고 갔는가
어느 가을 이른 바람에
여기 저기 떨어지는 잎처럼
한 가지에 나고서도
가는 곳을 모르는가
아 아, 극락세계에서 만나볼 나는
도를 닦으며 기다리겠노라

라고 하였다.

죽음의 직면시 두려움에 말 못하고 떨어지는 잎처럼 생사의 무상함에 한 가지에 형제처럼 나고서도 가는 곳도 모르나니 아! 극락세계에서나 도를 닦으며 재회의 기다림으로 기다린다는 불교적으로 승화한 의미를 갖는 '고전시가'이다.

월명月明이 누이의 죽음을 슬퍼하여 누이를 생각하는 '제망매가 祭亡妹歌'를 지었지만 조 시인은 월명 月明이 누이의 죽음을 본 그 마음을 다시 '고독'이라는 비통하고 쓸쓸함의 주제에 감정이입했다. 허망하게 연기되어 흩어지는 낙엽의 영혼처럼 삶의 끝을 보는 듯, 혼자여서 오는 고적함은 죽음보다 더한 고통의 괴로움으로 표현했다. 감정의 몰입도에 직면하여 쉽지 않은 연상적 해석으로 풀어내다니 작가적 소양임을 다시 발견한다.

7. 작품이해의 소통의 창 窓을 열고

글은 독자와 화두 話頭의 의미를 나누는 전달 창 窓이다. 창 窓은 내다보기와 들여다보기로 내다보기는 내가 바깥세상을 보는 눈이고 들여다보기는 세상인이 작가인 나의 세계를 바라보는 눈이다. 그래서 창 窓에서 서로 만난다.

그 창 窓을 통해 하나의 통일성 있는 주제 구현과 함께 간략한 의미 전달이 되어야만 한다. 글의 표현의 반복성으로 음률의 리듬감을 살린다면 글을 재미있게 읽게 되고 그림 그리듯, 연상하듯 회화성으로 묘사한다면 글의 이해와 아름다움을 높여 더욱 전달 방법이 잘 되었다 할 수 있겠다.

또한 간결한 이미지의 상징성으로 비유하여 글의 효과를 높이는 방법도 효과적이다.

마지막 표현은 비유 방법 중 하나로 '은유 隱喩'의 묘책인데 은유는 작가의 또 다른 시각으로 본 작가의 해석으로 평가한 메타포 metaphor(은유) 언어는 글의 뜻을 확고히 전달하여 관통하는 힘이 있다.

그리하여 시의 언어에서는 '은유의 술잔'과도 같아 마시지 않으면 취하지 않기 때문에 언어의 향기는 은유의 술잔이다.

이번 조성복 작가의 3집 작품은 연상적 해석력과 함께 은유 隱喩의 창조성이 있으며 세련된 이미지의 감각화로 생동감 있게 표출되었다.

그의 글은 공간 속에 머물지 않으며 어둠속에서도 빛을 발하는 언어로 꿈이 살아있는 푸른 물의 거울 같은 창 窓의 얼굴을 지녔다.

조성복 수필과 시집
시인의 마을

2019년 3월 30일 인쇄
2019년 3월 30일 발행

지은이 조 성 복
펴낸이 신 용 호
펴낸곳 창조문학사

서울 서대문구 홍은동 397-26 동천아카데미 5층
등록번호 제1-263호
전화 374-9011, Fax 374-5217
공급처 한국출판협동조합 전화 716-5616~9

값 10,000원
ISBN 978-89-7734-666-6